BEI GRIN MACHT SICH IHR WISSEN BEZAHLT

- Wir veröffentlichen Ihre Hausarbeit,
  Bachelor- und Masterarbeit

- Ihr eigenes eBook und Buch -
  weltweit in allen wichtigen Shops

- Verdienen Sie an jedem Verkauf

Jetzt bei www.GRIN.com hochladen und kostenlos publizieren

Ludger Henwars

Das Betreuungsgeld. Hemmt es die Integration von Menschen mit Migrationshintergrund?

GRIN Verlag

Bibliografische Information der Deutschen Nationalbibliothek:

Die Deutsche Bibliothek verzeichnet diese Publikation in der Deutschen National-bibliografie; detaillierte bibliografische Daten sind im Internet über http://dnb.d-nb.de/ abrufbar.

Impressum:

Copyright © 2015 GRIN Verlag GmbH
Druck und Bindung: Books on Demand GmbH, Norderstedt Germany
ISBN: 978-3-656-91317-7

Dieses Buch bei GRIN:

http://www.grin.com/de/e-book/293799/das-betreuungsgeld-hemmt-es-die-integra-tion-von-menschen-mit-migrationshintergrund

Das Betreuungsgeld – Ein Hemmnis bei der Integration von Menschen mit Migrationshintergrund?

Inhaltsverzeichnis

1. Einleitung

Das Betreuungsgeld wirkt der Integration von Menschen mit Migrationshintergrund entgegen – so lautet zumindest das vernichtende Urteil der Organisation für wirtschaftliche Zusammenarbeit und Entwicklung (OECD) in einer am 10. Juni 2012 veröffentlichten Studie, die sich dabei vor allem auf Untersuchungen zur Situation in Norwegen stützt, wo bereits seit einigen Jahren ein Betreuungsgeld gezahlt wird (OECD, 2012: 196). Klare Kritik an dieser familienpolitischen Geldleistung also, deren Einführung seit diesem Sommer auch in Deutschland wieder vermehrt Gegenstand der Diskussion ist. Mit dieser Arbeit möchte ich der Frage nachgehen, inwieweit die Bewertung der OECD überhaupt auf die Situation in Deutschland übertragen werden kann und somit herausfinden, ob das Betreuungsgeld in seiner geplanten Form auch in unserer Gesellschaft als Hemmnis bei der Integration von Menschen mit Migrationshintergrund wirken könnte.

Die grundlegende Annahme hinter dieser Hypothese ist zum einen, dass vor allem finanziell schlechter gestellte Familien ihre Kleinkinder nicht in Kindertageseinrichtungen schicken, sondern lieber zu Hause betreuen würden, um das monatliche Betreuungsgeld zu erhalten – die Gefahr also, dass ein finanzieller Anreiz zur rein häuslichen Kinderbetreuung geschaffen werden könnte. Eine weitere Annahme ist, dass sich unter finanziell schlechter gestellten Familien überdurchschnittlich viele mit Migrationshintergrund befinden und diese somit vermehrt auf diesen Anreiz reagieren. Auf die Integration dieser Gruppe könnten sich dann zwei Aspekte negativ auswirken: Erstens könnten vor allem Frauen mit Migrationshintergrund zunehmend erwerbslos bleiben, da sie vorrangig diejenigen sind, die die häusliche Erziehungsarbeit übernehmen. Das Knüpfen sozialer Kontakte, das Erlernen der deutschen Sprache und somit letztendlich auch die Integration in unsere Gesellschaft wären gehemmt. Zweitens gilt ganz Ähnliches für die Kinder, da ihnen der frühe Umgang mit Gleichaltrigen ohne Migrationshintergrund und das Legen wichtiger sprachlicher Grundsteine erschwert werden könnte.

Um diesen Annahmen nachzugehen, werde ich zunächst das für Deutschland angestrebte Modell des Betreuungsgeldes erläutern und die Lebenssituation von Familien mit Migrationshintergrund beschreiben. Anschließend werde ich auf mögliche Auswirken eingehen, die die Einführung eines Betreuungsgeldes auf die Integration von Frauen und Kindern mit Migrationshintergrund haben könnte. Schließlich möchte ich einen detaillierteren Blick auf die Situation in Norwegen werfen, das Land also, das

Gegenstand der Studie der OECD war. Abschließend werde ich in einem Fazit den Bogen zwischen Deutschland und Norwegen spannen, die Vergleichbarkeit der beiden Länder bewerten und schließlich beurteilen, ob das angedachte Betreuungsgeld in Deutschland ein Hemmnis bei der Integration von Menschen mit Migrationshintergrund sein könnte.

2. Das Betreuungsgeld

Ob Erziehungsgehalt, Erziehungsprämie, Betreuungsgeld oder aber von Kritikern abfällig „Herdprämie" genannt – unter verschiedenen Begriffen wurde in den vergangenen Jahren und Jahrzehnten immer wieder die selbe Sache diskutiert: die mögliche Einführung einer staatlichen Geldleistung, die Eltern für die häusliche Erziehungs- und Familienarbeit erhalten sollen, wenn sie ihre Kleinkinder nicht in einer staatlich geförderten Einrichtung betreuen lassen, sondern diese Betreuung stattdessen selbst übernehmen. Es geht dabei also primär um das Honorieren einer Tätigkeit, die mit der Erwerbsarbeit eines Arbeitnehmers verglichen und dementsprechend honoriert werden soll (Leipert/Opielka, 1998: 13). Zunächst einmal muss jedoch geklärt werden, was überhaupt gemeint ist, wenn in der aktuellen Diskussion von einem Betreuungsgeld die Rede ist.

Nach der Bundestagswahl 2009 wurde vor allem auf Initiative der CSU die Einführung eines Betreuungsgeldes ab dem Jahr 2013 im Koalitionsvertrag von CDU/CSU und FDP verankert. Die detaillierte Ausgestaltung dieser Geldleistung wurde schließlich am 12. Juni 2012 deutlich, als die Regierungskoalition einen entsprechenden Gesetzesentwurf zur Änderung des Bundeselterngeld- und Elternzeitgesetzes (BEEG) in den Bundestag einbrachte. Diesem Gesetzesentwurf zufolge soll für jeweils einen Elternteil ab Januar 2013 ein Anspruch auf Betreuungsgeld bestehen, wenn ein Kind, das nach dem 31. Dezember 2011 geboren wurde, nicht in einer staatlich geförderten Kindertageseinrichtung betreut wird. Dabei ist für das Jahr 2013 zunächst vorgesehen, dass für Kinder ab dem 13. bis einschließlich dem 24. Lebensmonat monatlich 100 Euro gezahlt werden. Ab dem Jahr 2014 soll die Zahlung schließlich dahingehend ausgeweitet werden, dass für alle Kinder ab Beginn des 13. bis zur Vollendung des 36. Lebensmonats ein monatlicher Betrag von dann 150 Euro gezahlt wird (Deutscher Bundestag, 2012: 3 ff.).

Der Anspruch auf Betreuungsgeld soll zwar nicht an den Erwerbsstatus oder das

2

Einkommen der Eltern gekoppelt sein, würde jedoch in voller Höhe auf Arbeitslosengeld II und Sozialhilfe angerechnet werden. Die Regierungsfraktionen begründen dies damit, dass das Betreuungsgeld als zusätzliches Einkommen zur Stärkung der ökonomischen Grundlage der Eltern anzusehen sei und ein erhöhtes Einkommen somit logischerweise eine Senkung von einkommensabhängigen Sozialleistungen wie beispielsweise Arbeitslosengeld II zur Folge haben müsse (Ebd.: 8).

Mit der Einführung des Betreuungsgeldes möchten die Regierungsfraktionen die Wahlfreiheit der Eltern bei der Betreuung ihrer Kinder erhöhen sowie die Erziehungsarbeit der Eltern anerkennen und unterstützen. Darüber hinaus soll die Förderlücke geschlossen werden, die für Eltern von Kindern zwischen einem und drei Jahren bestehe. Das Betreuungsgeld soll daher direkt an das Elterngeld anschließen, das während des ersten Lebensjahres des Kindes gezahlt wird, und diejenigen Eltern unterstützen, die nach dieser Zeit keine staatlich geförderte Kindertagesbetreuung in Anspruch nehmen möchten (Ebd.: 7). Nach neuerer wohlfahrtsstaatlicher Typologie läge dieser Geldleistung somit ähnlich wie dem Grundeinkommen ein garantistisches Verständnis von Sozialpolitik zugrunde. Die Regierungsfraktionen folgen dabei aber auch klassisch konservativen Werten wie dem Schutz der Institution Familie (Opielka, 2004: 110, 116).

3. Die Lebenssituation von Familien mit Migrationshintergrund

Zur Bevölkerung mit Migrationshintergrund zählen alle Menschen, die seit 1950 entweder selbst nach Deutschland eingewandert sind oder hier mit fremder Staatsangehörigkeit geboren wurden, aber auch die hier geborenen Deutschen, bei denen mindestens ein Elternteil nach Deutschland eingewandert ist oder hier mit fremder Staatsangehörigkeit geboren wurde. Demnach hatten im Jahr 2009 etwa 16 Millionen und damit fast 20% der insgesamt knapp 82 Millionen in Deutschland lebenden Menschen einen Migrationshintergrund (Statistisches Bundesamt, 2011: 188). Familien mit Migrationshintergrund sind dabei „alle in einem Haushalt zusammen lebenden Eltern-Kind-Gemeinschaften, bei denen mindestens ein Elternteil eine ausländische Staatsangehörigkeit besitzt oder die deutsche Staatsangehörigkeit durch Einbürgerung oder – wie im Fall der Spätaussiedler – durch einbürgerungsgleiche Maßnahmen erhalten hat" (Ebd.: 32). Im Jahr 2009 waren dies 2,3 Millionen Familien,

3

was einem Anteil von 28,4% an den Familien insgesamt entspricht (Prognos AG, 2010: 16).

Die Familien mit Migrationshintergrund stellen keine homogene Gruppe dar. Stattdessen lassen sich beim Blick auf die jeweilige Herkunft große Unterschiede in der sozialen Stellung ausmachen, sodass hier ausdrücklich von Durchschnittswerten die Rede ist. Betrachtet man einige Statistiken, die für die zu überprüfende Hypothese von Relevanz sein könnten, so zeigen sich schnell Unterschiede in der Lebenssituation von Menschen mit Migrationshintergrund und ihren Familien auf der einen und denen ohne Migrationshintergrund auf der anderen Seite.

In fast 60% aller Familien ohne Migrationshintergrund sind beide Elternteile erwerbstätig, während es in Familien mit Migrationshintergrund nicht einmal 40% sind. Der traditionellen Rollenverteilung folgend ist dort in den meisten Fällen der Vater der alleinige Ernährer (Statistisches Bundesamt, 2012: 37). Auch das individuelle Nettoerwerbseinkommen lag im Jahr 2009 bei Menschen mit Migrationshintergrund im Schnitt 18% unter dem der restlichen Bevölkerung (Ebd.: 197). Dies verwundert jedoch kaum, schließlich verfügen sie im Vergleich zur restlichen Bevölkerung nicht nur über ein niedrigeres Bildungsniveau (Ebd.: 195), sondern sind daran anschließend auch in der Berufshierarchie weiter unten angesiedelt (Seebaß, 2011: 42). Darüber hinaus stellt für 15% der Familien mit Migrationshintergrund das Arbeitslosengeld II die Haupteinkommensquelle dar. Damit wird diese Transferleistung von ihnen doppelt so häufig bezogen, wie von Familien ohne Migrationshintergrund (Prognos AG, 2010: 39). Außerdem sind Familien mit Migrationshintergrund etwa doppelt so häufig durch Armut gefährdet wie andere Familien (Ebd.: 37).

Somit kann gesagt werden, dass Familien mit Migrationshintergrund im Durchschnitt entsprechend der Annahme tatsächlich finanziell schlechter gestellt sind als Familien ohne Migrationshintergrund. Auf dieser Grundlage könnte das Betreuungsgeld für sie in besonderem Maße einen finanziellen Anreiz schaffen, die eigenen Kinder zu Hause zu betreuen.

4. Auswirkungen des Betreuungsgeldes auf die Integration von Menschen mit Migrationshintergrund

4.1 Mögliche Folgen für die Integration von Frauen mit Migrationshintergrund

Trotz abnehmender Tendenz sind es, traditionellen Rollenmustern folgend, in Familien allgemein nach wie vor hauptsächlich die Mütter, die den Großteil der häuslichen Erziehungsarbeit übernehmen. So waren im Jahr 2009 beispielsweise über 80% aller Väter von unter dreijährigen Kindern erwerbstätig, jedoch nur 30% der Mütter (Statistisches Bundesamt, 2011: 36). Die Einführung eines Betreuungsgeldes könnte dies noch verstärken und für Mütter von Kleinkindern einen finanziellen Anreiz schaffen, dem Arbeitsmarkt fernzubleiben um die Kinder zu Hause zu betreuen. Doch was könnte es insbesondere für Frauen mit Migrationshintergrund bedeuten, wenn sie das Angebot annehmen, nicht nur die Gebühren für die Kindertagesbetreuung zu sparen, sondern zusätzlich dazu eine monatliche Geldleistung zu erhalten? Die Erwerbsquote von Müttern unter achtzehnjähriger Kinder liegt bei jenen mit Migrationshintergrund auch heute schon deutlich unter der von jenen ohne Migrationshintergrund. Im Jahr 2009 standen hier 50% ganzen 72% gegenüber (Prognos AG, 2010: 50). Die Einführung eines Betreuungsgeldes könnte nicht nur einen negativen Effekt auf die Erwerbsquote beider Gruppen haben, sondern vor allem die Differenz zwischen beiden weiter vergrößern, da das Betreuungsgeld für die im Durchschnitt finanziell schlechter gestellten Mütter mit Migrationshintergrund ein größerer finanzieller Anreiz sein könnte, als für diejenigen ohne Migrationshintergrund.

Die Partizipation am Arbeitsmarkt ist Teil des gesellschaftlichen Lebens. Gerade für Menschen mit Migrationshintergrund kann der Arbeitsplatz viel mehr sein als lediglich der Ort, an dem man regelmäßig einer abhängigen Beschäftigung nachgeht, um sich den Lebensunterhalt zu verdienen. Hier kommen sie mit anderen Menschen in Kontakt, vor allem auch mit solchen ohne Migrationshintergrund, und knüpfen womöglich soziale Kontakte, die auch über die Arbeit hinaus Bestand haben. Sie lernen die kulturellen Gepflogenheiten ihrer neuen Heimat kennen, üben sich im Umgang damit, verbessern durch den regelmäßigen Sprachgebrauch die eigenen Deutschkenntnisse und steigern somit nach und nach ihren Grad sozialer Teilhabe (Prognos AG, 2010: 99), denn Sprache ist und bleibt „eine Kompetenz, die man braucht, um dazuzugehören" (Özoguz, 2010: 7). Die Erwerbstätigkeit stellt für Menschen mit Migrationshintergrund also eine wichtige Zugangsmöglichkeit zur deutschen

Gesellschaft dar, die, wenn sie denn richtig genutzt wird, die Integration in selbige erleichtert.

Entscheiden sich die Mütter nun für die Erwerbslosigkeit, so können sie keine sozialen Kontakte mit ihren Arbeitskollegen knüpfen und bauen zumindest auf diesem Weg auch ihre Sprachkenntnisse nicht weiter aus – insgesamt schlechte Voraussetzungen für eine erfolgreiche Integration in die deutsche Gesellschaft. Man mag dem entgegenhalten, dass die Betreuung eines Kindes von der Geburt bis zum Kindergarten nur drei Jahre in Anspruch nimmt und den Frauen auch danach noch alle Möglichkeiten offenstehen. Jedoch muss bedacht werden, dass sich die Familien je nach Migrationsstatus auch in der Kinderanzahl unterscheiden. Einkindfamilien mit Migrationshintergrund sind seltener als solche ohne Migrationshintergrund, während in Familien mit Migrationshintergrund gleichzeitig viel häufiger drei oder mehr Kinder leben als in anderen (Statistisches Bundesamt, 2011: 33). Mit der Kinderanzahl erhöht sich folglich auch die Dauer der rein häuslichen Kinderbetreuung, sodass ein Einstieg ins Arbeitsleben immer schwerer fällt und die Integration in die Gesellschaft zumindest auf diesem Wege erschwert wird.

4.2 Mögliche Folgen für die Integration von Kindern mit Migrationshintergrund

Was könnte es aber für die Kinder bedeuten, wenn ihre Eltern sich dafür entscheiden, sie nicht bereits ab dem zweiten Lebensjahr in einer staatlich geförderten Kindertageseinrichtung betreuen zu lassen, sondern diese Aufgabe selbst zu übernehmen? Zunächst einmal hieße es, dass sie erst ab dem vierten Lebensjahr eine Betreuungseinrichtung wie etwa den Kindergarten besuchen. Zwar ist dieser dann nicht verpflichtend, ab dem vierten Lebensjahr würde jedoch der Anspruch der Eltern auf Betreuungsgeld erlöschen, sodass der finanzielle Anreiz nicht mehr gegeben wäre. Dieser finanzielle Anreiz könnte es somit sein, der es ermöglicht, dass die Kinder in den ersten drei Jahren ihres Lebens weder Kontakt zu Gleichaltrigen, noch zu deutschen Muttersprachlern haben, seien es nun Kinder oder Erzieher. Es gilt herauszufinden, welche Folgen sich daraus bereits in dieser frühen Lebensphase für die Sprachkompetenz und damit auch für die spätere Integration der Kinder in die deutsche Gesellschaft ergeben könnten.

Der Spracherwerb eines Kindes beginnt bereits im ersten Lebensjahr. Während im zweiten Lebensjahr vor allem der Wortschatz wächst, erlangen sie im dritten die

Fähigkeit, erste kurze Sätze zu bilden (Rossmann, 1996: 95). Wächst ein Kind von Geburt an zweisprachig auf, so entwickeln sich die Kompetenzen beider Sprachen gleichzeitig, man spricht von Bilingualität. Passiert dies nicht, so ist vor allem entscheidend, wann der Erwerb der Zweitsprache beginnt. Hier ist es von Vorteil, wenn die kognitive Entwicklung noch nicht abgeschlossen ist, sodass die Entwicklung kognitiver und sprachlicher Fähigkeiten parallel geschehen kann. Dies ist bei Kindern immer der Fall, aber je nach Alter in sehr unterschiedlichem Maß. Ein früher Zweitsprachenerwerb bringt dabei gleichzeitig einen weiteren Vorteil mit sich, nämlich, dass auch der Erstsprachenerwerb zu diesem Zeitpunkt noch nicht abgeschlossen ist. So fällt es den Kindern leichter, die Eigenheiten beider Sprachen voneinander zu trennen und nicht charakteristische Merkmale der Erst- auf die Zweitsprache zu übertragen. Dadurch ist möglich, was im späteren Erwachsenenalter nur noch sehr schwer gelingt: das akzentfreie Erlernen der Zweitsprache (Ahrenholz, 2010: 26 f.).

Eine frühe Integration von Kindern mit Migrationshintergrund in die Gesellschaft ist wichtig, weil dadurch eine Neuorientierung vermieden werden kann, die dann nötig wird, wenn bereits die Identitätsfindung innerhalb der Herkunftsgemeinschaft stattgefunden hat (Ebd.: 25). Die Fähigkeit zur Kommunikation in der Sprache der jeweiligen Gesellschaft ist dafür elementar. Doch auch wenn ein möglichst früher Beginn des Zweitsprachenerwerbs viele Vorteile mit sich bringt, spielt es dennoch nur eine untergeordnete Rolle, ob das Kind bereits im Alter von zwei oder drei Jahren damit beginnt. Gerade weil die kognitive Entwicklung und der Erstsprachenerwerb noch nicht abgeschlossen sind, haben Kinder auch über das dritte Lebensjahr hinaus noch beste Möglichkeiten, eine Zweitsprache von Grund auf neu zu lernen. Allerdings würde ihnen das sicher leichter fallen, wenn auch ihr familiäres Umfeld die deutsche Sprache beherrschen und regelmäßig auf Deutsch kommunizieren würde. Hier könnten sich nun negative Auswirkungen der Situation der Mütter auf die ihrer Kinder bemerkbar machen. Dient das Betreuungsgeld den Müttern als Anreiz, erwerbslos zu bleiben und damit ihren eigenen Spracherwerb zu vernachlässigen, so könnte diese mangelnde Deutschkenntnis dafür sorgen, dass auch der Spracherwerb ihrer Kinder und damit deren Integration in die deutsche Gesellschaft erschwert wird. Dabei bleibt aber die Frage, wie groß dieser Effekt tatsächlich wäre. Statistiken des Instituts für Arbeitsmarkt- und Berufsforschung zufolge liegt der Anteil der Familien mit Migrationshintergrund, in denen zu Hause kein Deutsch gesprochen wird, bei lediglich 5%. Dem stehen fast zwei Drittel aller Familien mit Migrationshintergrund gegenüber, in denen überwiegend oder ausschließlich die deutsche Sprache Verwendung findet (Prognos AG, 2010: 25).

5. Ein Blick nach Norwegen

5.1 Ausgestaltung des Betreuungsgeldes

Sowohl in Norwegen, als auch in Schweden und Finnland haben Eltern eines Kleinkindes einen Anspruch auf Betreuungsgeld, falls dieses Kind nicht in einer öffentlichen Kindertageseinrichtung betreut wird. Die genaue Ausgestaltung unterscheidet sich in den einzelnen Ländern aber. In Norwegen wurde das Betreuungsgeld im Jahr 1998 von einer bürgerlichen Minderheitsregierung eingeführt. Wichtigstes Argument war dabei, ähnlich wie heute in Deutschland, die Wahlfreiheit der Eltern zu vergrößern (Ellingsæter, 2012: 4).

Die bisherige Regelung sah vor, dass für Eltern von ein- und zweijährigen Kindern, die nicht in einer staatlichen Einrichtung betreut werden, ein monatlicher Betrag in Höhe von 3.303 norwegischen Kronen bezahlt wird, was ungefähr 445 Euro entspricht. Erst kürzlich beschloss die aktuelle Regierungskoalition aus der sozialdemokratischen Arbeiterpartei, der grünen Zentrumspartei und der sozialistischen Linkspartei, dass die Eltern zweijähriger Kinder kein Betreuungsgeld mehr erhalten sollen. Diese Reform trat am 1. August 2012 in Kraft. Damit einhergehend wurde auch eine Staffelung der Leistung für die Einjährigen eingeführt: Ist das Kind 13 bis 18 Monate alt, erhalten die Eltern nun 5.000 Kronen monatlich (ca. 675 Euro), für Kinder zwischen 19 und 23 Monaten bleibt es bei den bisherigen 3.303 Kronen (Ellingsæter, 2012: 5). Wie für Deutschland vorgesehen schließt auch das norwegische Betreuungsgeld an ein Elterngeld an, das während des ersten Lebensjahres des Kindes gezahlt wird. Des Weiteren ist in Norwegen auch eine anteilige Nutzung des Betreuungsgeldes möglich. Bisher war dies so geregelt, dass abhängig von der wöchentlichen Anwesenheit in einer Kindertageseinrichtung in Stunden ein entsprechender Anteil des Betreuungsgeldes gezahlt wurde. Mit der kürzlichen Reform wurde diese Regelung vereinfacht: Eltern, deren Kind wöchentlich 20 Stunden oder mehr in einer solchen Einrichtung betreut wird, erhalten den vollen Betrag, und Eltern, die weniger Betreuung in Anspruch nehmen, nun lediglich die Hälfte (Ellingsæter, 2012: 5).

5.2 Auswirkungen auf die Gesellschaft

Nach der Einführung im Jahr 1998 stieß das Betreuungsgeld zunächst auf reges Interesse, 75% aller Eltern von ein- oder zweijährigen Kindern nahmen die Leistung zu dieser Zeit in Anspruch, davon 84% den kompletten Betrag. Die Inanspruchnahme ging jedoch Jahr für Jahr immer weiter zurück, sodass der Anteil im Jahr 2011 nur noch bei 25% lag. Diese Entwicklung kann vor allem damit erklärt werden, dass sich das Angebot staatlich geförderter Kinderbetreuungseinrichtungen seitdem stark verändert hat. Der Bedarf überstieg lange Zeit das Angebot, Betreuungsplätze wurden oft nur über Wartelisten vergeben. Da dieses Angebot bei gleichzeitig günstigen Arbeitsmarktbedingungen in den letzten Jahren deutlich ausgebaut wurde und die Gebühren für die Tagesbetreuung gesunken sind, kamen immer mehr Kinder in Betreuungseinrichtungen unter, die Zahl der Betreuungsgeldbezieher ging folglich zurück (Beninger, 2010: 3; Ellingsæter, 2007: 549; Ellingsæter, 2012: 6 f., 10).

Dieser Rückgang war in allen Teilen der Gesellschaft zu beobachten, allerdings keineswegs überall gleich stark. Stellten die Leistungsempfänger zunächst noch einen recht heterogenen Schnitt durch die norwegische Gesellschaft dar, so sind es heute vermehrt einkommensschwache Eltern mit niedrigem Bildungsniveau, die das Betreuungsgeld in Anspruch nehmen – eine Gruppe wiederum, in der überproportional viele Eltern mit afrikanischem oder asiatischem Migrationshintergrund vertreten sind (Ellingsæter, 2012: 7). Bereits im Jahr 2006 wurde nur noch für 40% der einheimischen Kinder Betreuungsgeld beansprucht, während dem 65% der Kinder mit asiatischem oder afrikanischem Migrationshintergrund gegenüberstanden. Noch deutlicher wird dieser Unterschied in den großen Städten wie Oslo, wo nur für 20% der einheimischen Kinder Betreuungsgeld gezahlt wurde, während es 75% derjenigen mit Migrationshintergrund waren (OECD, 2012: 172).

Diese Entwicklung kommt insbesondere auch am Arbeitsmarkt zum Vorschein. Da es in erster Linie die Mütter sind, die das Betreuungsgeld in Anspruch nehmen und ihr Kind zu Hause betreuen, bewirkte die Einführung einen Rückgang der Erwerbstätigkeit von Frauen. Dabei ist anzumerken, dass die Müttererwerbsquote in Norwegen dennoch höher ist als in Deutschland, da viele Mütter, die das Betreuungsgeld einem staatlich geförderten Betreuungsplatz vorziehen, das Geld häufig in eine private Tagesmutter investieren, anstatt selbst zu Hause zu bleiben (Beninger, 2010: 4). Dennoch ist ein Rückgang zu beobachten, der wiederum besonders Mütter mit Migrationshintergrund betrifft. Während die Erwerbsbeteiligung norwegischer Frauen seit 1998 Schätzungen zufolge um lediglich 4% zurückging, waren es bei Frauen mit nicht-europäischem Migrationshintergrund ganze 12% (Hardoy/Schøne, 2010: 968).

Für die Bewertung dieser Entwicklung spielt es keine Rolle, dass die Erwerbsbeteiligung dieser Frauen aufgrund unterschiedlicher kultureller Prägungen je nach Herkunftsland ohnehin oft niedriger ist, als bei norwegischen Frauen. Der verstärkende Effekt des Betreuungsgeldes ist unverkennbar und legt den Schluss nahe, dass die monatliche Zahlung vor allem für finanziell schlechter gestellte Mütter ein Anreiz sein kann, dem Arbeitsmarkt fernzubleiben. Da darunter wiederum überproportional viele einen asiatischen oder afrikanischen Migrationshintergrund besitzen, ist es für deren Integration in die norwegische Gesellschaft alles andere als förderlich. Ein fester Arbeitsplatz könnte neue soziale Kontakte erschließen, würde zwangsläufig das Erlernen der Sprache unterstützen und somit letztendlich die Teilnahme am gesellschaftlichen Leben ermöglichen.

Natürlich tritt dieser Umstand statistisch nicht nur bei der Erwerbsbeteiligung der Mütter, sondern auch bei der Betreuungsart ihrer Kinder zutage. So wurden im Jahr 2009 insgesamt 73% aller Kinder unter 6 Jahren in staatlich geförderten Einrichtungen betreut, jedoch nur 54% der Kinder mit Migrationshintergrund (Ellingsæter, 2012: 10). Für sie bedeutet dies, dass ihnen die Möglichkeit zur frühen Teilhabe an staatlichen Bildungsangeboten genommen wird, und das in einem Alter, in dem bereits erste Grundlagen für die spätere Bildung geschaffen werden könnten (OECD, 2012: 196). Doch auch wenn diese Grundlagen, wie in 4.2 beschrieben, in derart jungen Jahren noch nicht zwingend erforderlich sind, so heißt es auch hier, dass sie ihre spätere Entwicklung in einem familiären Umfeld erfahren, das unter Umständen selbst nur schlecht in die norwegische Gesellschaft integriert ist und womöglich nicht über die sprachlichen Voraussetzungen verfügt, um den späteren Lernprozess der Kinder auch innerhalb der Familie zu fördern. Das Betreuungsgeld scheint in Norwegen also tatsächlich Anreize zu setzen, die sich sowohl negativ auf die Integration der Mütter, als auch auf die ihrer Kinder auswirken.

6. Zusammenfassung und Fazit

Es zeigt sich, dass ein Betreuungsgeld in der Tat ein Anreiz sein kann, das eigene Kind zu Hause zu betreuen. Da Menschen mit Migrationshintergrund im Durchschnitt finanziell schlechter gestellt sind als diejenigen ohne Migrationshintergrund, könnte dieser Anreiz bei ihnen auch deutlich stärker wirken. Dies belegen letztendlich auch die Beobachtungen aus Norwegen, wo das Betreuungsgeld einen signifikanten Rückgang der Erwerbsquote von Frauen mit Migrationshintergrund zur Folge hatte. Weiterhin wird deutlich, dass dieser Rückgang negative Effekte auf die Sprachkompetenz, die Teilnahme am gesellschaftlichen Leben und schließlich auf die Integration dieser Frauen in die jeweilige Gesellschaft haben kann – ein Effekt, der sich nicht zuletzt auch auf ihre Kinder überträgt.

Vor zwei Jahren noch betonte Dr. Kristina Schröder, Bundesministerin für Familie, Frauen, Senioren und Jugend, die „zentrale Rolle der Erwerbsarbeit für eine gelungene Integration" (Prognos AG, 2010: 5). Dabei ist es gerade ihre Bundestagsfraktion und nicht zuletzt auch sie selbst, die in Deutschland eine familienpolitische Leistung auf den Weg bringen möchte, die exakt jene Erwerbsarbeit zurückdrängen und damit die Integration erschweren könnte. Ein Widerspruch? Blickt man nach Norwegen, so scheint es, als könne man diese Frage nur mit einem eindeutigen Ja beantworten. Tatsächlich lässt sich die Situation dort aber nicht eins zu eins auf Deutschland übertragen, denn bis zur Reform im August dieses Jahres erhielten norwegische Eltern pro Kind Betreuungsgeld in Höhe von umgerechnet 445 Euro monatlich, was etwa dem dreifachen Betrag der für Deutschland geplanten Leistung von 150 Euro entspricht. Abschließend kann daher gesagt werden, dass die Einführung des Betreuungsgeldes zwar auch in Deutschland einen Anreiz darstellen könnte, der die Erwerbsbeteiligung von Frauen mit Migrationshintergrund senkt und damit deren Integration in die deutsche Gesellschaft wie auch die ihrer Kinder hemmt. Aufgrund des derart großen Unterschieds in der Höhe der Leistung würde dieser Effekt hier wohl aber deutlich geringer ausfallen, als es in Norwegen der Fall ist. Auch muss bedacht werden, dass das Betreuungsgeld für diejenigen Eltern kein Anreiz wäre, die von Sozialleistungen wie Arbeitslosengeld II leben, da das Betreuungsgeld in voller Höhe auf diese Leistungen anzurechnen wäre. Hinzu kommt, dass die Erwerbsquote von Müttern mit Migrationshintergrund schon heute bei lediglich 50% liegt und außerdem ohnehin nur 23% aller Kinder unter drei Jahren in Kindertageseinrichtungen betreut werden (Statistisches Bundesamt, 2011: 39). Der Anteil der Mütter mit Migrationshintergrund, die erwerbstätig sind und ihre unter dreijährigen Kinder schon heute in einer staatlich geförderten Betreuungseinrichtung betreuen lassen, dürfte entsprechend gering sein.

In Norwegen ist das Betreuungsgeld auch 14 Jahre nach der Einführung noch umstritten und dessen Zukunft ungewiss. Auch für Deutschland herrscht keine Klarheit.

Nachdem die für vor der Sommerpause geplante Abstimmung im Bundestag bereits geplatzt ist, wurde nun auch die ursprünglich für den 18. Oktober anberaumte Verabschiedung des Gesetzesentwurfs verschoben. Es bleibt abzuwarten, ob Eltern ab dem 1. Januar des kommenden Jahres auch hier Anspruch auf Betreuungsgeld haben werden und welche langfristigen Folgen sich daraus ergeben.

Literatur- und Quellenverzeichnis

Ahrenholz, Bernt (2010): *Bedingungen des Zweitspracherwerbs in unterschiedlichen Altersstufen.* In: *Sprache ist der Schlüssel zur Integration. Bedingungen des Sprachlernens von Menschen mit Migrationshintergrund.* Abteilung Wirtschafts- und Sozialpolitik der Friedrich-Ebert-Stiftung, Bonn, S. 19-29.

Beninger, Denis u.a. (2010): *Wirkung eines Betreuungsgeldes bei bedarfsgerechtem Ausbau frühkindlicher Kindertagesbetreuung: Eine Mikrosimulationsstudie.* Deutsches Institut für Wirtschaftsforschung, Berlin. http://www.diw.de/documents/publikationen/73/diw_01.c.360973.de/diw_sp0316.pdf (28.09.2012).

Deutscher Bundestag (2012): *Gesetzesentwurf der Fraktionen der CDU/CSU und FDP. Entwurf eines Gesetzes zur Einführung eines Betreuungsgeldes (Betreuungsgeldgesetz).* Bundestagsdrucksache 17/9917, Berlin. http://dipbt.bundestag.de/dip21/btd/17/099/1709917.pdf (28.09.2012).

Ellingsæter, Anne Lise u.a. (2007): *Familienpolitische Reformen in Skandinavien. Gleichberechtigung der Geschlechter und Wahlfreiheit der Eltern.* In: *WSI-Mitteilungen.* Wirtschafts- und Sozialwissenschaftliches Institut, Düsseldorf, 10/2007, S. 546-553.

Ellingsæter, Anne Lise (2012): *Betreuungsgeld. Erfahrungen aus Finnland, Schweden und Norwegen.* Friedrich-Ebert-Stiftung, Berlin.

Hardoy, Inés & Schøne, Pål (2010): *Incentives to work? The impact of a Cash-for-Care benefit for immigrant and native mothers labour market participation.* In: *Labour Economics. Official journal of the European Association of Labour Economists.* Elsevier, Amsterdam, Volume 17, Issue 6, S. 963–974.

Leipert, Christian / Opielka, Michael (1998): *Erziehungsgehalt 2000. Ein Weg zur Aufwertung der Erziehungsarbeit.* Institut für Sozialökologie, Bonn.

OECD (2012): *Jobs for Immigrants Volume 3. Labour Market Integration in Austria, Norway and Switzerland.* OECD Publishing, Paris.

Opielka, Michael (2004): *Sozialpolitik. Grundlagen und vergleichende Perspektiven.* Rowohlt Taschenbuch Verlag, Reinbek.

Özoguz, Aydan (2010): *Sprache – eine Kompetenz, um dazuzugehören.* In: *Sprache ist der Schlüssel zur Integration. Bedingungen des Sprachlernens von Menschen mit Migrationshintergrund.* Abteilung Wirtschafts- und Sozialpolitik der Friedrich-Ebert-Stiftung, Berlin, S. 4-7.

Prognos AG (2010): *Familien mit Migrationshintergrund. Lebenssituation, Erwerbsbeteiligung und Vereinbarkeit von Familie und Beruf.* Bundesministerium für Familie, Senioren, Frauen und Jugend, Berlin. http://www.bmfsfj.de/RedaktionBMFSFJ/Broschuerenstelle/Pdf-Anlagen/Familien-mit-Migrationshintergrund,property=pdf,bereich=bmfsfj,sprache=de,rwb=true.pdf (28.09.2012).

Rossmann, Peter (1996): *Einführung in die Entwicklungspsychologie des Kindes- und Jugendalters.* Verlag Hans Huber, Bern.

Seebaß, Katharina u.a. (2011): *Migranten am Arbeitsmarkt in Deutschland.* Working Paper 36 der Forschungsgruppe des Bundesamtes für Migrations und Flüchtlinge, Nürnberg.

Statistisches Bundesamt (2011): *Datenreport 2011. Ein Sozialbericht für die Bundesrepublik Deutschland.* Band 1. Bundeszentrale für politische Bildung, Bonn.

Alle Quellen, zu denen keine Internetadresse angegeben ist, liegen mir in gedruckter Form vor.